Gedichte

zum Meditieren

zu Bibeltexten

Barbara Schmitt

Gedichte

Barbara Schmitt

Herstellung und Verlag: Books on Demand
GmbH, Norderstedt
ISBN 978-3-7534-5740-6

Gedichte zum Meditieren

Zeit

Am Fluss des Lebens sitzen,

den Augenblick berühren,

Knospe der Zeit verspüren,

Blüte der Ewigkeit entführen

ins Land der Zeit.

Perle

Aus dem Schmerz geboren,

gereift zum Schutz in dunkler Zeit!

Welch ansehnlich schimmernd Kleid,

erwächst aus Not die Kostbarkeit!

Kevelaer

Kraftort, zu dem so viele streben

der Hoffnung und des Trosts.

Die Kapelle liebgewonnen,

lebt in meinem Innern fort,

trägt mich jeden Morgen

in den Tag,

in ihr Geheimnis dort.

Beten

Wir machen uns ein Bild von Dir,

obwohl es uns verboten war.

Wie sollen wir Dich finden

in unserem Menschenkleid?

Du wurdest Mensch wie wir!

Wo bist Du? Wo bin ich

mit meinem Denken, Phantasieren?

Lass mich springen

 in glaubendes Vertrauen,

berührbarer Mensch, unvorstellbarer

Gott!

Wesensgehorsam

Worauf soll ich hören?

Was ist das Lied in mir,

 im Innern meines Wesens?

Wie klingt es im Chor dieser Welt?

Wer legte es mir in mein Herz

und füllte so mein Wesen an?

Verantwortung

Über die Asche des Abgrunds gewankt,

mit den Fingern die Sterne berührt,

den Ton des Nichts verspürt,

ist er gerufen zum Ja oder Nein -

der Mensch!

Müde

Stille trinken löscht der Seele Durst,

müde Sinne ruhen aus.

Einsamkeit geleitet mich zur Nacht.

Schlaf gewährt mir eine Rast.

Selbst die Träume nicken ein -

bis das Licht mich endlich fragt:

gehörst du noch zu uns, ich bin der

neue Tag!

Leid

Tränen aus Augen des Herzens

füllen meinen Seelensee,

Untiefen offenbaren

schmerzvolles Weh,

Glitzern der Sonne verspricht:

Fürchte dich nicht!

Kirschblütenregen

Unzählig rosige Blütenblätter flattern

in die Hand der Erde,

wo sie werden,

was sie waren

und immer wieder sind.

Kerzenschein

Du starker, schwacher Kerzenschein,

Feuer aus dem All ganz klein,

bist ein Bild für Heil und Sein!

Stehst als Pate großer Stunden,

wo wir ewiges Licht gefunden!

Herzensort

Ein Ort, an dem der Zauber wohnt,

ein Land, das keine Grenzen kennt,

ein Raum, in dem die Heimat lebt!

Verdeckt, versteckt, verletzt,

vergisst der Mensch das Herz,

weil tief verborgen liegt ein Schmerz!

Verliert den ungeahnten Schatz!

Wagt dann den Sprung tief hinein,

und sieht den hellen Schein!

Taufe

Unsichtbares Geschehen,

gewaltig und ganz leise,

bricht in den Alltag ein,

unscheinbar anziehend schön!

 Verheißung für mein Leben.

Wir müssen es heben

und wählen

dieses Siegel des Rufens

meines Namens

aus dem Mund des Schöpfers.

Amen!

Liebe

Ein Wort für so Vieles!

Ersehntes, Erlebtes, Erlittenes!

Verheißung sinnerfüllten Lebens!

Abgrund tiefen Scheiterns!

Wir können dich nicht lassen,

du schleichst dich in mein Leben,

geschenkt, gestohlen,

wirst uns immer überholen!

Eucharistie

Deine Hände reichen uns Leben

mit Deinem Brot,

schenken uns Dein Mitleiden im Kelch,

holen uns zurück an Dein Herz,

dass wir es zulassen im Schmerz,

und im Jauchzen der Freude!

Du

Du rührst mich an,

nicht im lauten Sturm und Drang,

im Säuseln reichst Du mir die Hand,

die ich nie gekannt -

nur das Herz verspürt,

dass sie mich führt!

Lichtgestalt

Als trüg das Herz die Seele in der Hand,

erwächst auf Rosen eine Lichtgestalt.

Dornen rühren sie nicht an,

Mauern stoßen sich nicht dran.

Weißes Licht erklingt im Da!

Maranatha!

Jesusgebet

Tauch die Not in Seinen Namen,

halt den Tod an seinen Atem,

spür das Leben tief in Seinem Sein

lass dich endlich darauf ein,

auf betörend seliges Erbarmen,

auf Jesus, den Gesalbten, Amen!

Eins

Augen begegnen sich

in den Herzen der Seelen,

Arme umfangen Rosen und Lilien des

Seins,

verlieren sich in eins,

und doch lebt jeder sein Leben,

und aus der Tiefe heraus

leuchtet dann und wann

zart duftend der Strauß.

Engelstanz

Die Augen schließen

und begrüßen

den Engel bei mir,

wie er tanzt mit meinem

Licht und Schatten

und sich berauscht

an meinem Menschsein!

Jenseits

Durch die Wand geschaut,

in die Luft gebaut,

mit Flügeln

ins Leben dahinter

getaucht.

Mitleid

Ohnmacht in der Macht erspüren,

Verletzung in der Sturheit wähnen,

nicht beirrt vom tief verstellten Bild

der inneren Person,

erkennen, was nicht mehr sichtbar ist,

das Licht, das ganz versteckt gehalten,

weil es drohte auszugehn.

Seelennot

Kinderseelen in die Hölle geschickt,

erholen sich nicht,

bleiben ein Leben lang

Wanderer im Tod und arm.

Tragen das Kreuz auf der Stirn -

Baum des Lebens,

wo irgendwann,

Vögel singen werden dann,

Paradies wiederkommen kann.

Kinderaugen

In Kinderaugen schauen,

dem Urgrund wieder trauen,

sättigt meinen Blick,

wirft mich ganz zurück

in himmlisches Vertrauen.

Sterben

Mensch, wo gehst du hin,

wenn der Tod die Augen schließt?

Welche Füße tragen dich

auf dem Weg ins Paradies?

Wie verspürst du dann das Glück,

das dich hier schon hat verzückt?

Himmel

Wo das Leid nicht mehr schmerzt,

die Blume nicht welkt,

die Wüste plötzlich erblüht,

Unerwartetes geschieht,

da ist das Lied vom Himmel!

Sehnsucht

Du, den meine Seele sucht,

gefunden hat,

und immerzu verliert,

damit Sehnsucht mich führt!

Elisabeth

Trägst im Korb Erbarmen

mit dir selbst und deiner Welt,

reichst im Herzen Armen

Rosen aus dem Himmelszelt,

gibst ihm deine Hand zum Leben,

schenkst ihm Brot und Segen!

Vater - Mutter - Unser

Du Schöpfer und Hüter des Alls

Deine Gegenwart leuchte uns auf

dem Weg durch die Zeit.

Dein Reich wachse in uns,

damit wir teilen das Brot,

das Du uns gibst,

und auch die Schuld, die uns zertrennt!

Und führe unser Herz zu Dir,

zum Sinn trotz allem Schmerz,

zu Jesu Tod und Auferstehn!

Lourdes

Es regnet in Strömen,

für einen Herbsttag zu kalt,

kein Andrang beim heilenden Bad!

Entkleidet, ein weißes schlichtes Kleid

bedeckt meine Nacktheit.

Hineingetaucht ins lauwarme Wasser der
Quelle,

geöffnet für heilende Verheißungen,

begleitet mich mein Leben lang!

Pluie des Roses

Rosen soll es regnen vom Himmel!

Wer kann sie denn sehen,

die Rosen der kleinen Heiligen?

Das Übermaß ihres Vertrauens

auf einen liebenden Gott,

einen leidensfähigen,

einen verklärten

Menschen in Gott.

Es hat geschneit

Die Landschaft vor meinem Fenster ist verzaubert,

ganz verändert, neu, zart und leicht!

Es hat geschneit, feine kleine Flocken auf gefrorene Welt!

Mit grau verhangenem Himmel,

der noch mehr von dieser Pracht enthält!

Die Bäume wie in üppiger Blütenpracht

zeigen sich filigran und frisch.

Welche Wandlung nur durch ein bisschen Schnee!

Gedichte zur Bibel

Sturm im Lebensboot

Es scheppert im Boot auf hoher See,

der Wind bläst mit voller Wucht,

Wellen schlagen hoch, wollen über Bord,

Menschen toben und schreien voller Angst -

und Er schläft!

Wie kann man nicht wach werden

angesichts solch tosender Todesgefahr!

Welches Geheimnis trägt Er in sich,

in seinem unbezwingbaren Vertrauen ins Leben:

"Habt keine Angst!" sollen wir lernen!

Blindenheilung

Das Sehen fehlt, nach innen und nach außen!

Das Leben arm geworden, eingegrenzt,
vertrieben!

Berührt Er die Augen mit seinen Händen und
irdenem Speichel,

bekanntes Heilsekret,

hilft er mit menschlichen Mitteln

und göttlichem Vertrauen,

dass wir im Glauben sehen lernen!

Quaste berühren

Im Gedränge vieles erleben,

Lärm, Angerempelt-, Angesprochen werden,

bemerkt Er eine sanfte Berührung an der
Quaste seines Gewandes,

und spürt das Vertrauen eines Menschen in
seine Göttlichkeit,

und schenkt diesem Menschen Heilwerden im
Glauben an Ihn!

Übers Wasser gehn!

Wir glauben plötzlich, Dich zu sehen,

unvermutet, glaubensstark gehen wir drauf los,

bis ungeahnt sich türmen Angst und Zweifel, das
Unmögliche zu glauben, wellenhoch auf!

Wir glauben zu versinken!

 Nur im Schauen in Deine Augen.

und Ergreifen Deiner Hände,

finden wir den festen Grund,

der menschliches Begrenztsein aufgehoben,

für eine Zeit, die uns geschenkt,

damit wir glauben!

Verklärung

Du gehst auf den Berg,

der Dich immer zu Deinem Vater führte.

Du nimmst Deine engsten Freunde mit,

zeigst ihnen Dein innerstes Geheimnis,

Mensch und Gott zu sein,

im Vertrauen auf ihren Glauben an Dich,

geschützt vor dem Zugriff Neugieriger:

Sprecht jetzt mit niemandem darüber!

Geheimnisse des Herzens

gehören in die Stille, nicht auf den Markt!

Salbung

Eingeladen bei ehrwürdigen Herren,

niedergesetzt am Tisch zu speisen,

lässt Du eine Frau Dich salben an den Füßen,

ihre Haare und Hände spüren,

in der Liebe zu Dir und Deinem Erbarmen,

gibst Du ihr zurück eben diese Liebe,

auch wenn sie murren, diese Hüter des
Glaubens!

Verborgener Meister

Du siehst ihr Suchen und fragst sie doch danach,

und zeigst Dich als Gärtner, damit sie dich fragt!

Wer sonst sollte wissen,

was mit dem Leichnam Jesu geschah?

Du nennst sie beim Namen und wirst erkannt, Rabbuni,

verborgener Meister des Herzens!

Verkündigung

Einfach so mitten im Alltagsgeschehen,

hält Maria inne und glaubt etwas zu
vernehmen:

ich bin gemeint mit meinem ja oder nein,

mit meinem Glauben, Vertrauen und Treue

in eine Zusage, die so ganz anders ist,

als mein Volk erwartet seit hunderten von
Jahren!

In eine Zusage zu einem Messias,

der Mensch wird! Und die jedem gilt!

Tief verborgen

versteckst Du Dich in Deinem Geschöpf

in so vielen Formen!

Willst geehrt werden als der Mensch,

der vor mir steht,

den Du erlöst mit Deinem Gesicht!

Steinwurf

Du kennst unsere Vergehen,

jeder hat etwas Unrechtes,

nur immer anders!

Gerne sehen wir es nur im anderen!

Hilf uns, weniger Steine zu werfen,

uns erlösen zu lassen von Dir:

"Ich verurteile dich auch nicht!"

Seligpreisung

Du willst uns auf den Berg Deines Vaters
mitnehmen,

damit wir selig werden!

Nicht glücklich,

nicht zufrieden,

selig willst Du uns sehen!

Das Herz und die Seele füllen

mit Deinem Vertrauen in Gott,

mit Deinem Wohlwollen für den Menschen.

Du sehnst Dich danach, dass wir Dich endlich
verstehn!

Brotvermehrung

Wer gibt mir Brot?

Die Arbeit, der Freund, die Familie? -

Wir hängen alle zusammen

im Ernährt Werden,

wie Du gezeigt hast in Deinem Wunder!

Aber satt werden wir nur

an Dir und Deinem Brot!

Splitter und Balken

Ein Brett vor dem Kopf

gestehen wir uns dann und wann

ganz gerne ein, zum Spaß!

Nur nicht, wenn wir einen Fehler machen,

den sehen wir lieber beim anderen,

und finden ihn groß, so groß,

dass er mein Brett überdeckt -

narzisstische Täuschung!

Wann gestehen wir sie uns ein?

im Vertrauen auf Dein Wort:

"Deine Sünden sind dir vergeben."

Weihnacht

Ein neugeborenes Kind

fällt immer vom Himmel,

macht uns neugierig.

Wir schauen dem Schöpfer ins Gesicht!

Ein besonderes Kind,

so unscheinbar!

Wir feiern es jedes Jahr seit 2000 Jahren,

den Emmanuel, Gott ist mit uns!

auf dass er uns immer ein bisschen vertrauter
werde!

Petrus, liebst du mich?

Können wir das denn,

mit unseren Überlebensmustern der Egozentrik,

der eigenen Selbstherrlichkeit und
Erbärmlichkeit,

dem Kampf im Alltag ? - Ja!

Mit den Lichtblicken glücklicher Momente,

gehalten und verbunden, getröstet und geführt
zu sein!

"Herr, Du weißt alles, Du weißt auch, dass ich
Dich liebe!"

Wohnungen

Wir brauchen Wohnungen,

um einen Standort zu haben,

Sicherheit, Raum, Schutz hier auf Erden.

Du sorgst für eine Wohnung im Himmel?

So ernst nimmst Du unsere irdischen
Bedürfnisse!

So menschlich willst Du uns dort auch nahe
haben!

Wie schön, dass Du Mensch geworden bist!

Hochzeit von Kanaan

Wenn wir irdenes Wasser

hinhalten dem Schöpfer,

 damit Er es segnet.

Wenn wir unseren Todeskampf

ein bergen in den Tod Jesu

und Schuld und Verdammnis Angst loslassen

in Seinen Schmerz hinein,

heimtragen lassen in Seine Liebe,

die alles erträgt,

dann, nur dann wandelt sich Wasser in Wein!

Leuchtfeuer auf Land

Viele Kilometer von der Küste entfernt!

Diesig grau wolkenverhangenes Wetter.

Mein Blick aus dem Fenster meines Wohnzimmers

fällt auf die kleinen Fenster des Kirchturms gegenüber.

Ungewöhnlich! Sie leuchten wie kleine Feuer! ein Leuchtturm auf Land!

Keine Kerzen, keine Lichter!

Es ist die für mich nicht sichtbare untergehende Sonne im Westen.

Sie hat sich zwischen die Wolken geschoben,

rötlich-gold, wunderschön!

Der Alltag kann leuchten!

Einer hat gesagt "Ich bin das Licht der Welt und ich bin bei euch alle Tage."

Kain und Abel

Die ersten Kinder der Bibel

leiden unter Neid,

weil Gott mit Menscheneigenschaften gedacht

scheinbar nicht beide gleich liebt,

wie es unter Menschen so oft geschieht!

Vielleicht sollen sie lernen, geliebt zu sein

ohne Opfergaben auch in Not und Pein,

Gott zu finden und nicht ein Menschenbild!

Erscheinung

Die Wissenschaft sucht Dich

im Leuchten Deiner Schöpfung,

die Hirten bringen Dir das Aufscheinen des Himmels.

Lass uns in allem, was uns golden entzückt,

auch Dich spüren!

In allem, was wir verehren,

im Weihrauch des Alltags,

Dich erkennen!

 In allem, was uns den Tod abringt,

in der Myrrhe des Menschseins,

Deinem Leben trauen!

Erlösung

Da trinken wir so oft aus Deinem Kelch,

und lassen uns so schwer erlösen

vom Grauen des Todes,

aus Verzweiflung und Schuld,

aus der Ratlosigkeit rechten Tuns!

Da essen wir so oft von Deinem Brot,

wie Du uns gebeten hast,

und vergessen es so oft im Alltag,

als wärest Du nicht bei uns!

Birg uns ein in Deinen Namen,

Emanuel, Gott ist mit uns!

Anbetung

Jeden Schritt, den Du getan,

lieben wir - küssen Deine Füße!

Jedes Tun, das Du gewirkt,

und jede Berührung, die Du geschenkt,

lieben wir - küssen Deine Hände!

Alles, was von Deinem Herzen ausgeht

und darin bewahrt ist,

lieben wir - beten an Dein Herz.

Alles was Du je gedacht und gespeichert hast

ist uns unendlich kostbar, Deine Schönheit,

Deine Anmut, Deine menschliche

 Gebrechlichkeit - Dich beten wir an,

Du Gott der Liebe.

Im Ölberg-Garten

Mysterium Crucis! Ja, ein Geheimnis,

nicht zu verstehen, so schwer anzunehmen!

Du hast Angst und Krankheit geheilt,

aber nicht die tiefe Spaltung

unserer Welt in hell und dunkel.

Hast Dich gewehrt gegen den Kelch

der Schmerzen und der Bitterkeit,

aber getrunken, ohne zu verstehen,

nur im Vertrauen auf Deinen Vater,

und ersehnst, dass wir es Dir gleichtun,

und niederknien vor dem Geheimnis!

Und so auferstehen!